Diversión y juegos

Campos, pistas y canchas

Partición de figuras

Kristy Stark, M.A.Ed.

Asesora

Lorrie McConnell, M.A.
Especialista de capacitación profesional TK–12
Moreno Valley USD, CA

Créditos de publicación

Rachelle Cracchiolo, M.S.Ed., *Editora comercial*
Conni Medina, M.A.Ed., *Gerente editorial*
Dona Herweck Rice, *Realizadora de la serie*
Emily R. Smith, M.A.Ed., *Realizadora de la serie*
Diana Kenney, M.A.Ed., NBCT, *Directora de contenido*
June Kikuchi, *Directora de contenido*
Caroline Gasca, M.S.Ed., *Editora superior*
Stacy Monsman, M.A., *Editora*
Michelle Jovin, M.A., *Editora asociada*
Sam Morales, M.A., *Editor asociado*
Fabiola Sepúlveda, *Diseñadora gráfica*
Jill Malcolm, *Diseñadora gráfica básica*

Créditos de imágenes: págs.10–11 Dziurek/Shutterstock; pág.11 (superior)
PhotoStock-Israel/Alamy; págs.14–15 Bodrumsurf/Shutterstock; págs.17–18 Herbert
Kratky/Shutterstock; pág.26 Greg Balfour Evans/Alamy; todas las demás imágenes de
iStock y/o Shutterstock.

Library of Congress Cataloging-in-Publication Data

Names: Stark, Kristy, author.
Title: Diversion y juegos. Campos, pistas y canchas : particion de figuras /
  Kristy Stark.
Other titles: Fun and games. Fields, rinks, and courts. Spanish
Description: Huntington Beach : Teacher Created Materials, 2018. |
  Description based on print version record and CIP data provided by
  publisher; resource not viewed.
Identifiers: LCCN 2018007640 (print) | LCCN 2018009586 (ebook) | ISBN
  9781425823399 (ebook) | ISBN 9781425828776 (pbk.)
Subjects: LCSH: Sports facilities--Design and construction--Juvenile
  literature.
Classification: LCC GV401 (ebook) | LCC GV401 .S7318 2018 (print) | DDC
  796.06/8--dc23
LC record available at https://lccn.loc.gov/2018007640

Teacher Created Materials

5301 Oceanus Drive
Huntington Beach, CA 92649-1030
www.tcmpub.com

ISBN 978-1-4258-2877-6

Contenido

Superficies deportivas..........................4

Solo para patear: fútbol 8

Un deporte congelado: *curling*.......... 14

Rebotar y lanzar: baloncesto 20

Diversión y juegos 26

Resolución de problemas 28

Glosario 30

Índice... 31

Soluciones....................................... 32

Superficies deportivas

¡El público grita! Los jugadores ocupan el campo. Patinan en la pista. Entran a la cancha. Los deportes son apasionantes. Pero antes de que empiece la acción, tómate un momento. Mira hacia abajo. Esa superficie de juego es especial. Está **diseñada** para el deporte que allí se juega.

Los equipos de fútbol americano aún no han salido al campo.

Fanáticos alientan en un estadio de fútbol.

Deportes como el fútbol, el fútbol americano, el *rugby* y el *hockey* sobre césped se juegan en campos. Los campos pueden ser de césped de verdad. Pero no necesariamente. El césped de nailon o sintético parece césped real. Pero nadie lo tiene que regar ni cortar.

Las pistas son áreas cerradas con superficies lisas. Los pisos pueden ser de hielo o de madera. El *curling* y el *hockey* son deportes que se juegan en pistas de hielo. A menudo, se usan pistas de madera para patinaje o para *hockey* sobre patines.

Las canchas pueden ser interiores o exteriores. Tienen forma de rectángulo. El baloncesto, el tenis y el vóleibol son deportes que se juegan en canchas.

Una patinadora sobre hielo se desliza en una pista.

cancha de baloncesto

cancha de tenis

Solo para patear: fútbol

El fútbol es el deporte más practicado y visto del mundo. Algunos fanáticos también lo llaman balompié. En Estados Unidos se le conoce como *soccer*.

En el fútbol, los jugadores recorren todo el campo. Patean pelotas dentro de redes para anotar goles. La mayoría de los jugadores solo pueden usar las manos para lanzar de nuevo la pelota al campo. Los porteros pueden usar las manos (y el resto del cuerpo) para evitar que el otro equipo anote goles.

Una portera evita un gol.

Dos jugadores de fútbol intentan patear la pelota.

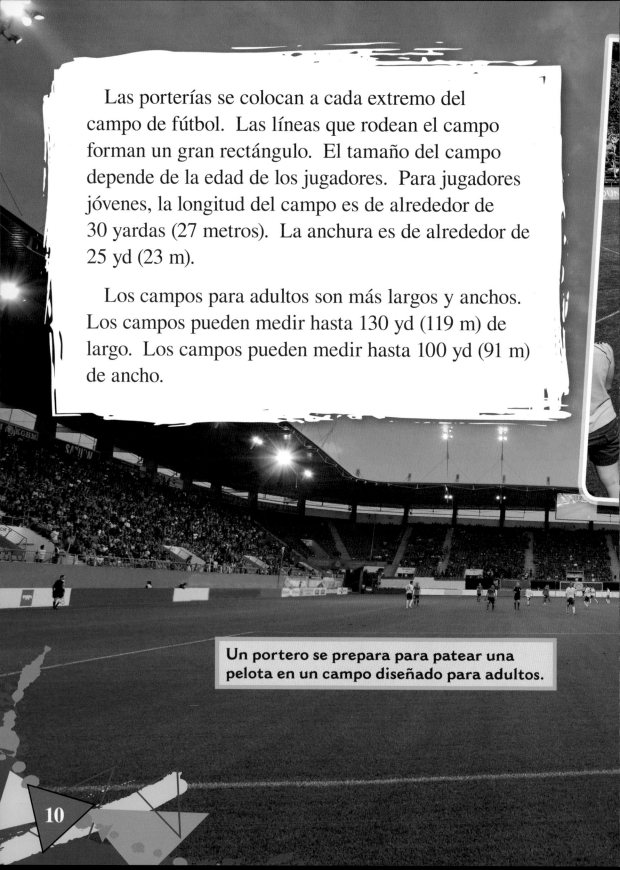

Las porterías se colocan a cada extremo del campo de fútbol. Las líneas que rodean el campo forman un gran rectángulo. El tamaño del campo depende de la edad de los jugadores. Para jugadores jóvenes, la longitud del campo es de alrededor de 30 yardas (27 metros). La anchura es de alrededor de 25 yd (23 m).

Los campos para adultos son más largos y anchos. Los campos pueden medir hasta 130 yd (119 m) de largo. Los campos pueden medir hasta 100 yd (91 m) de ancho.

Un portero se prepara para patear una pelota en un campo diseñado para adultos.

Adolescentes juegan fútbol en un campo más pequeño.

La línea media **divide** un campo de fútbol por la mitad. El círculo central está en el medio del campo. Este círculo es donde se realiza la **patada inicial**. Mientras un equipo patea, los jugadores del otro equipo deben permanecer fuera del círculo. Pueden entrar una vez que ya se pateó la pelota.

Durante el partido, los jugadores usan otras líneas del campo para guiar sus jugadas. Las líneas laterales y las líneas de meta marcan los bordes de los campos. Otras líneas muestran las áreas pequeñas y grandes. Estos son los únicos lugares donde los porteros pueden usar las manos.

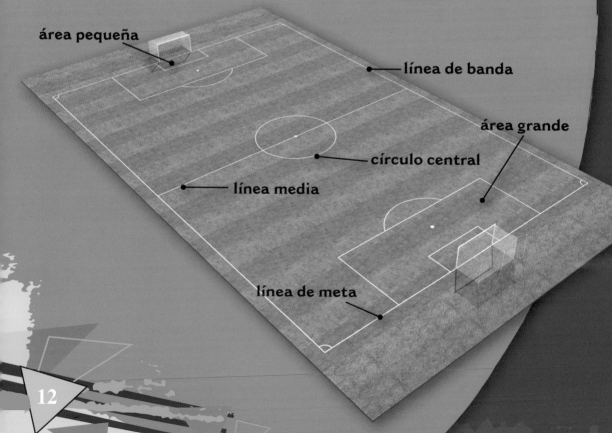

área pequeña

línea de banda

área grande

círculo central

línea media

línea de meta

En fútbol, es importante que los campos estén divididos en partes iguales. Eso ayuda a que el juego sea justo.

1. La línea media divide un campo de fútbol en mitades. Explica por qué cada imagen muestra o no mitades.

    a.

    b.

    c.

2. Imagina que cuatro equipos de fútbol están haciendo ejercicios en el mismo campo de entrenamiento. Dibuja un campo de entrenamiento como el que aparece abajo. Luego, muestra cómo puede dividirse para que cada equipo obtenga una parte igual del campo.

Un deporte congelado: *curling*

El *curling* es un deporte de Escocia. ¡Las personas han estado **compitiendo** en este desde el siglo XVI! La superficie usada para *curling* es una pista de hielo. La pista tiene forma de rectángulo. En inglés, la pista recibe el nombre de *curling sheet* (área de juego de *curling*). La superficie tiene de 146 a 150 pies (de 45 a 46 m) de largo. Tiene alrededor de 15 ft (5 m) de ancho.

Al final de la pista hay un blanco. El blanco se llama *house* (casa). Parece un grupo de círculos en el hielo.

pista de *curling*

Meg está viendo *curling*. Nota que la casa está dividida en cuatro partes iguales.

1. ¿Cómo puedes saber que las partes son iguales?

2. ¿Cuál de las siguientes frases describe mejor al entero?

   A. cuatro cuatros

   B. cuatro cuartos

   C. cuatro

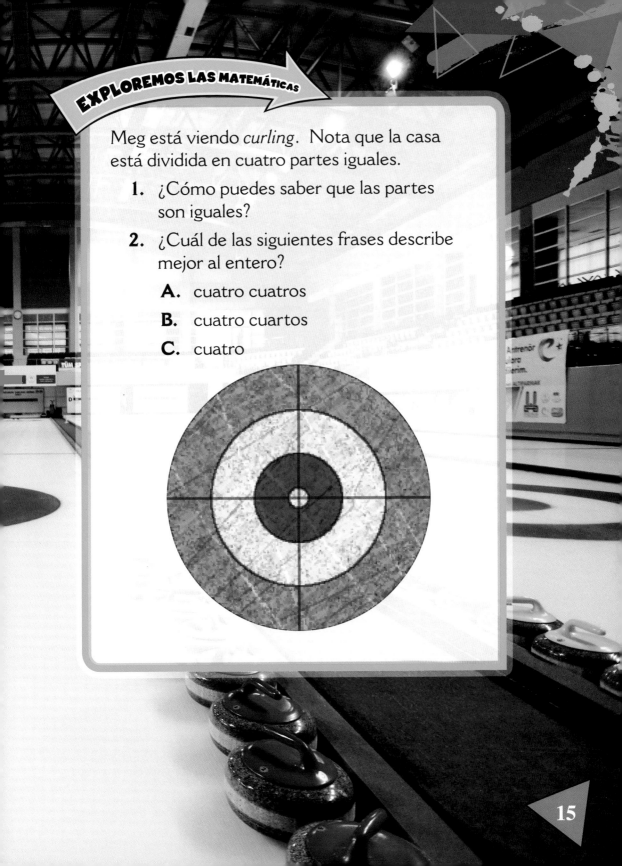

En el *curling* compiten equipos de cuatro jugadores. Intentan rodar, o hacer girar, piedras por el hielo. El hielo usado para el *curling* no es tan liso como el de patinaje. El hielo de *curling* tiene pequeños bultos. Los bultos impiden que las piedras giren demasiado.

Cada equipo tiene ocho piedras. Cada piedra pesa 42 libras (19 kilogramos). Los equipos anotan puntos por cada piedra que está más cerca del círculo central que las del otro equipo. Así que los equipos intentan empujar sus piedras lo más cerca que pueden del centro de la casa.

La piedra amarilla en el medio de la casa ganará la mayor cantidad de puntos.

Un jugador de *curling* se prepara para empujar su piedra.

Llevar una piedra a la casa es un trabajo de equipo. Un jugador llamado *skip* (capitán) se para detrás de la casa. Este jugador mira el hielo y las piedras. Les dice a los otros jugadores cómo y dónde empujar las piedras. Los otros dos jugadores usan cepillos para *curling* para barrer el hielo enfrente de la piedra. Esto calienta el hielo y lo hace más resbaladizo. Ahora, la piedra se puede mover de forma más recta.

Dos jugadores barren el hielo frente a una piedra.

Un jugador suelta la piedra.

Rebotar y lanzar: baloncesto

El baloncesto se inventó en 1891. El juego comenzó en Estados Unidos. Los jugadores lanzaban la pelota dentro de canastas para duraznos. El juego debía detenerse para sacar la pelota. Esto hacía que el juego fuera lento. Ahora es mucho más rápido.

Los equipos de baloncesto tienen cinco jugadores. Los jugadores deben **driblar** una pelota en la cancha. Luego, intentan lanzarla dentro de una canasta o aro. Se anotan puntos por cada canasta. Por supuesto, el otro equipo intenta evitar que esto suceda.

Imagina que un entrenador de baloncesto pide a cuatro jugadores que practiquen driblar. Cada jugador necesita una parte igual del gimnasio. El entrenador dibuja un diagrama para mostrar a los jugadores dónde entrenar. ¿Cada jugador recibe una parte igual del gimnasio? Explica.

Los partidos de baloncesto comienzan en el centro de la cancha. Allí hay un gran círculo. Una línea central divide el círculo en mitades. Dos jugadores se paran en su lado de la línea media. Un **árbitro** lanza la pelota al aire. Dos jugadores saltan para buscarla. Cuando uno de ellos la toca para un compañero de equipo, ¡el juego **acelerado** comienza! Los jugadores se distribuyen y corren por toda la cancha.

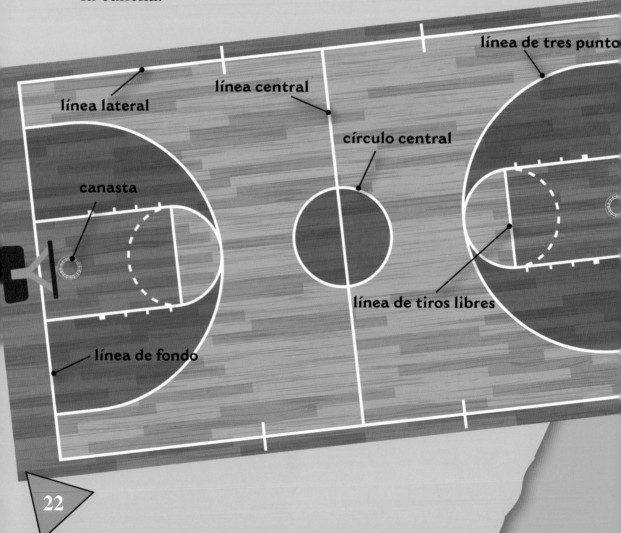

línea de tres puntos

línea central

línea lateral

círculo central

canasta

línea de tiros libres

línea de fondo

Los círculos en el centro de una cancha de baloncesto suelen estar pintados de los colores del equipo. Imagina que un equipo quiere que el círculo de su cancha esté pintado con tres colores: amarillo, rojo y azul. El equipo desea usar la misma cantidad de cada color. ¿Cuál de los planos debería elegir el equipo?

A.

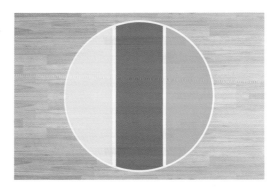

B.

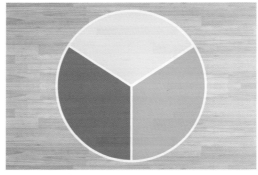

C.

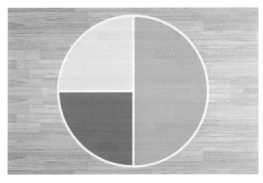

aro de baloncesto

Las canchas de baloncesto son rectangulares. Sus duras superficies están hechas de madera de arce. La madera de arce no se **daña** con la pelota o con los jugadores.

Los tamaños de las canchas **varían**. Los jugadores jóvenes usan canchas que tienen 74 ft (23 m) de largo y 42 ft (13 m) de ancho. Los equipos universitarios y **profesionales** juegan en canchas que tienen 94 ft (29 m) de largo y 50 ft (15 m) de ancho.

Las líneas laterales son los lados largos de la cancha. Las líneas cortas se llaman líneas de fondo. Si la pelota pasa alguna de esas líneas, el juego se detiene hasta que un jugador la lance adentro de nuevo.

Una jugadora de baloncesto se prepara para pasar la pelota a una compañera de equipo.

Diversión y juegos

Los tamaños y formas de los campos, pistas y canchas están **regulados**. Deben tener determinadas formas y tamaños. ¡Pero eso no significa que deban ser aburridos! Algunos equipos juegan en césped azul o rojo. Algunos patinadores sobre hielo patinan en hielo naranja para la Noche de Brujas. Un equipo de baloncesto universitario de Florida tiene una cancha pintada con palmeras. Las superficies deportivas tienen finalidades. ¡Pero aún pueden ser divertidas!

Esta pista de hielo en Suecia tiene hielo rosa durante el invierno.

Un jugador de fútbol americano corre sobre césped azul.

⚙️ Resolución de problemas

Raj y Carmen están creando un juego para sus amigos. El juego es para cuatro jugadores. Cada jugador necesita una parte igual de la superficie de juego. Ayuda a Raj y a Carmen a diseñar la superficie para su escuela.

costado de la escuela

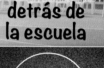

1. El patio de juegos al costado de la escuela es un rectángulo similar al que se muestra. Dibuja dos rectángulos. Muestra dos maneras diferentes en que Raj y Carmen pueden dividirlos en cuartos.

detrás de la escuela

2. El patio de juegos detrás de la escuela tiene un gran círculo pintado, como el que se muestra. Raj y Carmen quieren poder jugar el juego allí también. Dibuja un círculo. Muestra una manera en que Raj y Carmen pueden dividirlo en cuartos.

3. Raj y Carmen quieren aumentar la cantidad de jugadores a ocho. Vuelve a diseñar tus planos para mostrar ocho partes iguales. Demuestra o explica tu razonamiento.

Glosario

acelerado: que sucede o se mueve muy rápido

árbitro: una persona que se asegura de que los jugadores sigan las reglas

compitiendo: tratando de ganar algo que alguien más también trata de ganar

daña: arruina o empeora

diseñada: hecha para una finalidad especial

divide: separa cosas en partes

driblar: mover la pelota hacia delante rebotando, golpeando o pateándola

patada inicial: la patada que comienza el juego en algunos deportes

profesionales: personas que reciben dinero por lo que hacen

regulados: controlados por reglas

varían: cambian

Índice

baloncesto, 6–7, 20–26

campos, 4–6, 8, 10–13, 26

canchas, 4, 6–7, 20, 22–24, 26

cuartos, 15, 28

curling, 6, 14–18

Escocia, 14

Estados Unidos, 8, 20

fútbol, 5–6, 8–13

mitades, 12–13, 22

pista, 4, 6, 14, 26

Soluciones

Exploremos las matemáticas

página 13:

1. **a.** Las respuestas variarán, pero pueden incluir que las mitades son dos partes iguales, y este campo muestra tres partes.

    b. Las respuestas variarán, pero pueden incluir que este campo tiene dos partes iguales; por lo tanto muestra mitades.

    c. Las respuestas variarán, pero pueden incluir que las mitades son dos partes iguales, y estas partes no son iguales.

2. Los dibujos variarán, pero deberían mostrar un campo dividido en cuatro partes iguales.

página 15:

1. Las respuestas variarán, pero pueden incluir que las cuatro partes son del mismo tamaño.

2. B

página 21:

Sí, cada jugador obtiene una parte igual del gimnasio porque el gimnasio está dividido en cuatro partes iguales, o cuartos.

página 23:

B

Resolución de problemas

1. Los dibujos variarán, pero pueden incluir:

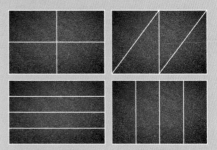

2. Los dibujos variarán, pero pueden incluir:

3. Las respuestas variarán, pero pueden incluir dividir cada cuarto a la mitad para mostrar ocho partes iguales en lugar de cuatro.